1860

DEUXIÈME ANNÉE

Hôtel de Wagram

Rue de Rivoli, 208.

PARIS

IMPRIMERIE CHROMOTYPOGRAPHIQUE

A.-E. ROCHETTE & Cⁱᵉ

22, Rue d'Assas, 22

LES
TABLETTES PARISIENNES

PORTEFEUILLE

DU

Voyageur dans Paris

PARISIAN POCKET BOOK

Portfolio of the Traveller in Paris

PARISER BRIEFTASCHEN

Handbuch für die Reisende in Paris

TABLILLAS PARISIENSES

Cartera de los Viajeros en Paris

CANHÊNHO PÀRIZIÊNSE

Cartêira dos Viajântes em Pariz

PARIS
IMPRIMERIE A-E ROCHETTE
22, rue d'Assas, 22
1860

Avis

Nos rapports avec l'Angleterre, la Belgique, la Hollande, etc., nous permettent en outre de donner les heures de départs des grands lignes de paquebots et de chemins de fer étrangers, pour Londres, Bruxelles, Amsterdam, Cologne, Francfort-sur-le-Mein, Berlin, Munich, Dresde, Vienne, Varsovie, Genève, etc., renseignements qui peuvent être pour MM. les Voyageurs de la plus grande importance.

Nos relations continuelles avec les étrangers nous fournissent journellement l'occasion d'accepter des commandes de toutes natures pour l'Europe entière, les États-Unis, l'Amérique du Sud, les colonies françaises, anglaises, espagnoles et hollandaises, la Chine, l'Australie et l'Inde.

L'Administration se charge en conséquence de la *commission générale pour tous pays*. Elle se fait un devoir, pour tous les ordres qui lui arrivent, de s'adresser, autant que possible, aux maisons recommandées par les *Tablettes parisiennes*.

MM. les Négociants qui ont des expéditions à faire pour l'étranger, trouveront tous les jours, dans nos bureaux, la liste des navires en charge et le prix du

---

frêt dans tous les ports de France. De plus, les maisons
de commerce qui figurent dans les colonnes des *Tablettes
parisiennes* trouveront au besoin, auprès de l'Admi-
tration, l'*escompte* de bonnes valeurs sur Paris, la pro-
vince et l'étranger.

Enfin, les rapports journaliers que l'*Agence des
Tablettes parisiennes* entretient avec les hôtels et les
maisons meublées, lui permettent de s'occuper avec plus
de succès qu'aucune autre de l'achat et de la vente de
ces établissements, de même que ses relations avec les
étrangers lui donnent la facilité de traiter de l'achat et
de la vente des terrains, maisons, et en général de toutes
les propriétés foncières.

S'adresser tous les jours, de midi à 4 heures, à l'*Administration des Tablettes parisiennes, 10, rue Duphot,*
à Paris.

ANTI-MIGRAINE

DU DOCTEUR ACHILLE HOFFMANN

Une seule friction sur le point douloureux suffit pour faire
cesser l'accès.

PRIX : 5 Fr. LE FLACON.

MAL DE MER

La liqueur du docteur ACHILLE **HOFFMANN** est le pré-
servatif certain de cette souffrance si redoutée.

MAISON FLON, *rue Taitbout, 28,*

A PARIS

Nouvelles **CHEMISES** Brevetées

—

NATURE DES BREVETS :

1° La Chemise sans Boutons ;
2° L'Empêchement de la Rupture des Plis ;
3ᵈ Les nouvelles Manchettes à Parementures, de formes diverses.

—

Ces trois systèmes réunissent :

Le Perfectionnement,
L'Élégance,
L'Économie.

—

Levy Neyman

SEUL INVENTEUR

25, Place Vendôme, 25

MONUMENTS PUBLICS

—

MUSÉE DU LOUVRE. — Ouvert tous les jours, excepté le Lundi, de 10 heures à 4.

MUSÉE DU LUXEMBOURG. — Ouvert tous les jours, excepté le Lundi, de 11 heures à 4.

MUSÉE D'ARTILLERIE. — Place Saint-Thomas-d'Aquin. — Visible les Jeudi avec un billet du Directeur ou un passeport.

MUSÉE ET HOTEL DE CLUNY. — THERMES DE JULIEN. — Ouvert au Public le Dimanche de 10 heures à 2. — Les Mercredi, Jeudi et Vendredi avec un billet du Directeur ou un passeport.

MUSÉUM D'HISTOIRE NATURELLE. — Jardin des Plantes. — Ouvert au Public les Mardi, Jeudi et Dimanche, de 2 heures à 5. — Les Mardi, Jeudi et Samedi, de 11 heures à 2 avec un billet ou un passeport.

HOTEL DES MONNAIES. — Quai Conti. — Mardi et Vendredi, de midi à 3 heures. — Les Ateliers sont visibles les mêmes jours de 10 à 1 heure, avec une permission du Président de la Commission des Monnaies.

CONSERVATOIRE DES ARTS ET MÉTIERS. — Rue Saint-Martin, 292. — Ouvert les Jeudi et Dimanche, de 10 heures à 4.

BIBLIOTHÈQUE IMPÉRIALE. — Rue Richelieu, 56. — Ouverte les Mardi et Vendredi, de 10 heures à 3.

BIBLIOTHÈQUE SAINTE-GENEVIÈVE. — Place du Panthéon. — Ouverte tous les jours, de 10 heures à 3, excepté le Dimanche.

BIBLIOTHÈQUE MAZARINE. — Quai Conti, 23. — Ouverte tous les jours, excepté le Dimanche, de 10 heures à 3.

BIBLIOTHÈQUE DE L'ARSENAL. — Ouverte tous les jours, excepté le Dimanche, de 10 heures à 3.

HOTEL DES INVALIDES. — Tous les jours. — On peut visiter les Plans, du 1er Mai au 15 Juin avec un passeport.

TOMBEAU DE L'EMPEREUR, aux Invalides. — Visible le Lundi, de midi à 3 heures, et le Jeudi avec un passeport.

LA SAINTE-CHAPELLE. — Tous les jours, avec un passeport ou un permis du Ministre d'État.

HOTEL-DE-VILLE. — Le Jeudi, avec un passeport ou un billet de M. le Préfet de la Seine.

PANTHÉON. — Église Sainte-Geneviève et les Caveaux.

PALAIS-DE-JUSTICE.
L'ARC-DE-TRIOMPHE.
LA COLONNE VENDOME.
LA COLONNE DE JUILLET.
LA TOUR-SAINT-JACQUES.
} Ouv. tous les jours.

LA TOUR SOLFÉRINO. — Cette magnifique tour se trouve érigée sur la butte Montmartre. Du haut de son balcon, l'on découvre le plus beau panorama qu'on ait jamais pu voir à Paris. Au moyen d'un télescope on peut distinguer les routes, les villes, les monuments, les habitations, dans un rayon d'environ 100 kilom. (au moins 25 lieues). — Cette tour s'élève à 200 mètres au-dessus de la tour Saint-Jacques la Boucherie.

LES ÉGLISES de Notre-Dame, Saint-Sulpice, Saint-Vincent-de-Paul et leurs Tours, la Madeleine, Notre-Dame-de Lorette, Saint-Germain-des-Prés, etc., etc.

PALAIS IMPÉRIAL DES TUILERIES. — Visible pendant l'absence de l'Empereur, avec un billet du gouverneur des Tuileries.

MANUFACTURE IMPÉRIALE DES GOBELINS. — 254, rue Mouffetard. — Ouvert les Mercredi et Samedi, de 2 heures à 4 en été, et de 1 à 3 en hiver, avec un passeport ou une permission du Ministre d'État ou du Directeur. Entrée publique le Jeudi.

PUBLIC EDIFICES

—

THE LOUVRE MUSEUM. — Open daily Monday's excepted, from 10 to 4.

THE LUXEMBOURG MUSEUM, and the Senators Palace. — Open daily from 11 to 4.

ARTILLERY MUSEUM. — Place Saint-Thomas-d'Aquin. To be seen Thursday's with a ticket of te Director or a passport.

CLUNY MUSEUM AND HOTEL. — JULIAN'S THERMES. — Open to the Public Sunday's from 10 to 4. Wednesday's, Thursday's and Friday's with a ticket of the Director or a passport.

MUSEUM OF NATURAL HISTORY. — ZOOLOGICAL GARDEN. — Open to the Public, Tuesday's, Thursday's and Sunday's from 2 to 5. Tuesday's, Thursday's and Saturday's with a ticket or a passport from 11 to 2.

THE MINT. — Quai Conti. — Tuesday's and Friday's from 12 to 3. The WORKSHOPS : the same days with a permission of the Chairman of the Committee of the Mint, from 10 to 1.

CONSERVATORY OF ARTS AND TRADES. — Rue Saint-Martin, 292. — Sunday's and Thursday's, from 10 to 4.

IMPERIAL LIBRARY. — Rue Richelieu, 56. — Tuesday's and Friday's, from 10 to 3.

LIBRARY OF SAINTE-GENEVIÈVE. — Place du Panthéon. — Open daily from 10 to 3. Sunday's excepted.

MAZARINE LIBRARY. — Quai Conti, 23. — Open daily from 10 to 3. Sunday's excepted.

LIBRARY OF THE ARSENAL. — Open daily from 10 to 3. Sunday's excepted.

THE HOTEL OF THE INVALIDES. — Open daily. —
　　　The PLANS can be seen from the 1st of May till
　　　the 15th of June with a passport.
THE TOMB OF THE EMPEROR AT THE INVALIDES. —
　　　Monday's from 12 to 3, and Thuesday's with a
　　　passport.
SAINTE-CHAPELLE. — Open daily with a permission
　　　of the Secretary of State or a passport.
HOTEL DE VILLE (TOWN HALL). — Thursday's with a
　　　passport or a permission of the Préfet de la
　　　Seine.
PANTHÉON, CHURCH OF SAINTE-GENEVIÈVE, and the
　　　TOMBES. — Open daily.
THE PALACE OF JUSTICE
THE TOWER OF SAINT-JACQUES
THE TRIUMPHICAL ARCH　　　　　　Open daily.
THE VENDOME MONUMENT
THE JULY MONUMENT
　　The CHURCHES of Notre-Dame, Saint-Sulpice, Saint-
Vincent-de-Paul and the Towers. La Madeleine, Notre-
Dame-de-Lorette, Saint-Germain-des-Prés, Saint-Ger-
vais, Saint-Étienne-du-Mont and its Jubé, the Porche
of Saint-Merri, Saint-Séverin, Sainte-Clotilde, Saint-
Germain-l'Auxerrois, Saint-Eustache, Saint-Roch, etc.
IMPERIAL PALACE OF THE TUILERIES, can be seen
　　　during the absence of the Emperor, with a
　　　ticket of the Director of the Palace.
IMPERIAL MANUFACTORY OF THE GOBELINS. —
　　　254, rue Mouffetard. — Open Wednesday's
　　　and Saturday's, from 2 to 4 in Summer, and
　　　from 1 to 3 in Winter, with a passport or a
　　　ticket of the Secretary of State or of the Di-
　　　rector. Public Thursday.

EDIFICIOS PUBLICOS

—

MUSEO DEL LOUVRE. -- Abierto todos los dias excepto el Lúnes, desde las 10 hasta las 4.

MUSEO DEL LUXEMBOURG. — Todos los dias ménos el Lúnes, desde las 10 hasta las 3.

MUSEO DE ARTILLERIA. — Place Saint-Thomas-d'Aquin. Abierto el Juéves con un billete del Director ó un pasaporte.

MUSEO Y PALACIO DE CLUNY. — Termas de Juliano. — Abiertos el Domingo desde las 10 hasta las 4. Los Miércoles, Juéves y Viérnes con un billete del Director ó un pasaporte.

MUSEO DE HISTORIA NATURAL. — Jardin botánico. — Publico los Mártes, Juéves y Domingo, desde las 10 hasta las 4. Mártes, Juéves y Sábado con billete ó pasaporte, desde las 11 hasta las 2.

CASA DE MONEDAS. — Quai Conti. Abierta los Mártes y Viérnes, desde las 11 hasta las 3. — La Obrería, los mismos dias, desde las 10 hasta la 1, con un permiso del Presidente de la Comision de las Monedas.

CONSERVATORIO DE LOS ARTES Y OFICIOS. — Calle Saint-Martin, 292. Abierto los Juéves y Domingo, desde las 10 hasta las 4.

BIBLIOTECA IMPERIAL. — Calle Richelieu, 56. Abierta los Mártes y Viérnes, desde las 10 hasta las 3.

BIBLIOTECA SAINTE-GENEVIÈVE. — Plaza del Panthéon. Todos los dias, desde las 10 hasta las 3, excepto el Domingo.

BIBLIOTECA MAZARINE. — Quai Conti, 23. Lo mismo que arriba.

BIBLIOTECA DEL ARSENAL. — Al Arsenal. Id.

PALACIO DE LOS INVALIDOS. — Todos los dias. Los
     Planos se pueden ver desde 1º de Mayo hasta
     15º de Junio, con un pasaporte.
SEPULCRO DEL EMPERADOR. — Palacio de los Invá-
     lidos. Visible el Lúnes desde las 12 hasta las 3,
     y el Juéves con pasaporte.
LA SANTA CAPILLA. — Visible todos los dias con pa-
     saporte ó permiso del Ministro de Estado.
HOTEL-DE-VILLE. — Visible los Juéves con pasaporte ó
     billete del Prefecto del Sena.
PANTHÉON, IGLESIA DE SAINTE-GENEVIÈVE, y sus
     Sepulcros. — Todos los dias.

PALACIO DE JUSTICIA
TORRE DE SAINT-JACQUES
ARCO DE TRIUNFO   } Todos los dias.
COLUMNA VENDOME
COLUMNA DE JULIO

   Las Iglesias de Notre-Dame, Saint-Sulpice, Saint-
Vincent-de-Paul y sus Torres, la Madeleine, Notre-
Dame-de-Lorette, Saint-Germain-des-Prés, Saint-Ger-
vais, Saint-Etienne-du-Mont y su Púlpito, el Pórtico de
Saint-Merri, Saint-Séverin, Sainte-Clotilde, Saint-Ger-
main-l'Auxerrois, Saint-Eustache, Saint-Roch, etc.
EL PALACIO IMPERIAL DES TUILERIES. — Puede verse
     durante el ausencia del Emperador, con per-
     miso del Gobernador del Palacio.
MANUFACTURA DE TAPIZ DES GOBELINS. — Calle
     Mouffetard, 254. — Abierta los Miércoles y
     Sábado, desde las 2 hasta las 4 en estío, y de
     1 á 3 en invierno, con pasaporte ó permiso del
     Ministro de Estado ó del Director. Público el
     Juéves.

ENVIRONS DE PARIS

Heures de Départ des Chemins de fer

BOIS DE BOULOGNE. —Rivière, Iles, Lac et Cascades.— Chemin de fer de l'Ouest, départs toutes les ½ h.

COMPIÈGNE. — Résidence impériale, belle Forêt, Étang, Ruines du Château de Pierrefonds, Chasses et Courses de Chantilly. — Chemin de fer du Nord. Départs 7 10', 7 20', 9, 12 20', 5, 5 5', 8, 9.

ENGHIEN ET SON LAC. — Forêt de Montmorency. — Chemin de fer du Nord. Dép. toutes les h. ½

FONTAINEBLEAU. — Château impérial, Forêt magnifique. — Chemin de fer de Lyon. Départs 8, 9, 9 15', 11 30', 12 45', 2, 3 45', 4 45', 5 45', 7 30', 8 40, 9 5', 10 45'.

MEUDON. —Château et Bois. — Chemin de fer de Versailles, rive gauche. Départs aux heures juste.

SAINT-CLOUD. —Château impérial, beau Parc de Saint-Cloud et Ville-d'Avray, Grandes-Eaux de Saint-Cloud. — Chemin de fer de Versailles, rive droite. Départs toutes les heures aux demie.

SAINT-DENIS. — Ancienne Basilique et Tombeaux des rois. —Chemin de fer du Nord. Départs toutes les heures et demie.

SAINT-GERMAIN. — Ancien Château royal, Forêt, grande Terrasse. — Chemin de fer de Saint-Germain conduisant à Asnières, Nanterre, Rueil, Chatou et Vésinet. Départs toutes les heures 35 minutes.

SÈVRES. — Manufacture impériale de porcelaine, visible tous les jours avec un passeport ou un billet du Ministre d'État, Parc de Saint-Cloud. — Chemin de fer de Versailles, rive droite et rive gauche.

VERSAILLES. — Château royal, Parc, Musée, tous les jours, excepté le Lundi, Trianon.

Chemin de fer de la rive droite conduisant à
Asnières, Courbevoie, Suresnes, Saint-Cloud,
Ville-d'Avray, Viroflay. Dép. toutes les heures
à la demie.

Chemin de fer de la rive gauche conduisant
à Vanves, Clamart, Meudon, Bellevue, Sèvres,
Chaville, Viroflay. Dép. aux h. (8, 9, 10, etc.).

ADJACENTS PARTS OF PARIS

—

Hours for Departing at the Railways.

BOIS DE BOULOGNE. — River, Isles, Lake and Wa-
terfalls. Werstern Railway. Every 30 minutes.

COMPIÈGNE. — Imperial residence, beautiful Forest,
Lakes, Ruins of the Pierrefonds's Castle, Hunts
and Chases at Chantilly. — Northern railway.
Dep. 7 10', 7 20' 9, 12 20', 5 5', 8, 9.

ENGHIEN AND ITS LAKE. — Forest of Montmorency.
— Northern railway. Departure every half
hour.

FONTAINEBLEAU. — Imperial résidence, magnificent
Forest. — Railway to Lyon. Dep. 8, 9, 9 15',
11 30', 12 45', 3, 3 45', 4 45', 5 45', 7 30', 8 40,
9 5'. 10 45'.

MEUDON. — Palace and Wood. — Railway to Versailles,
left bank departure every hour.

SAINT-CLOUD. — Imperial residence, beautiful Park
of Saint-Cloud and Ville-d'Avray, Great Waters
of Saint-Cloud. — Railway to Versailles, right
bank. Every half hour.

SAINT-DENIS. — Ancient stately church and Tombs
of the Kings. — Northern railw. Dep. every half
hour.

SAINT-GERMAIN. — Ancient royal Palace, Forest,
great Terrace. — Railway of Saint-Germain
leading to Asnières, Nanterre, Rueil, Chatou
and Vésinet. Dep. every hour 35 min.

RENSEIGNEMENTS GÉNÉRAUX

—

CHEMISIER
LEVY NEYMAN. — Place Vendôme, 25.

DESSINATEUR & BIJOUTIER EN CHEVEUX
S. DENISOT. — Passage du Saumon, 41.

FABRIQUE D'ÉVENTAILS
CH. AUBERY. — Boulevart Saint-Denis, 20.

NATURALISTE PRÉPARATEUR
A. DEYROLLE. — Sp^té pour l'Entomologie; ustensiles
collections, livres. — Rue de la Monnaie, 19.

ORFÉVRERIE
FROMENT MEURICE. — Rue Saint-Honoré, 372.

JOAILLIER DE S. M. L'IMPÉRATRICE
KRAMER. — Rue Neuve-Saint-Augustin, 31.

MODES — Maison Charles MARX
Mme Valérie GRAUX Succ^r, Fournisseur de S. A. R.
Mme la Princesse de Joinville. — 33, Boul^t des Italiens.

MEUBLES EN CHÊNE & ÉBÈNE SCULPTÉS
Léopold COURCELLE. — Rue de la Roquette, 27

BRONZES D'ART & D'AMEUBLEMENT
E. GRAAT. — Boulevart de la Madeleine, 11.

LOCATIONS POUR APPARTEMENT, MEUBLES, BALS & SOIRÉES
CLAUDIN. — Rue Montaigne, 7.

PARFUMERIE FINE
FAGUER-LABOULLÉE. — Rue Richelieu, 83.

BONNETTERIE, CHEMISERIE (English Spoken)
AU CARNAVAL DE VENISE. — Boul. de la Madeleine, 3.

SÈVRES. — Imperial Manufacture of porcelain, open
daily with a passport or a ticket of the Secretary of State. Saint-Cloud, Park. — Railway to
Versailles, right and left banks.

VERSAILLES. — Royal Palace, Park, Museum, open
daily Monday's excepted, Trianon.

Railway of the right bank leading to Asnières,
Courbevoie, Suresne, Saint-Cloud, Sèvres, Ville-
d'Avray, Viroflay. Dep. every half hour.

Railway of the left bank leading to Vanves,
Clamart, Meudon, Bellevue, Sèvres, Chaville,
Viroflay. Dep. every just hour.

ALREDEDORES DE PARIS

—

Horas de Partida de los Ferrocarriles

BOIS DE BOULOGNE. — Rio, Islas, Lago y Cascadas.
— Camino del Oeste. Partidas todos los 30 mí-
nutos.

COMPIÈGNE. — Palacio imperial, Selva Bellísima,
Ruínas del Castello de Pierrefonds, Cazas y
Corridas de Chantilly. — Camino del Norte.
Part. á las 7 10', 7 20', 9, 12 20', 5 5', 8, 9.

ENGHIEN Y SU LAGO. — Valle de Montmorency. Camino del Norte. Part. á todas las horas $^1/_2$.

FONTAINEBLEAU. — Palacio imperial, Selva magnífica.
— Camino de Lyon. Partidas á las 8, 9, 9 15,
11 30', 12 45', 2, 3 45', 4 45', 5 45', 7 30', 8 40,
9 5', 10 45.

MEUDON. — Palacio y Bosque. — Camino de Versailles,
ribera izquierda. Part. á las horas precisas.

SAINT-CLOUD. — Palacio imperial, bello Parque de
Saint-Cloud y Ville-d'Avray, Grandes-Aguas de
Saint-Cloud. — Camino de Versailles, ribera
derecha. Part. todas las horas y media.

RENSEIGNEMENTS GÉNÉRAUX

—

ARMES DE CHASSE & REVOLWERS
LEPAGE-MOUTIER.—Rue Richelieu, 11.

MODES
Mlle Joséphine **RAGAINE.** — Rue Vivienne, 21.

PHOTOGRAPHIE UNIVERSELLE
SEMAH. — Passage des Deux Pavillons, 9 (Palais-Royal)

ORDRES FRANÇAIS & ÉTRANGERS
HALLEY. — Fournisseur breveté de S. M. l'Empereur
& des Cours étrangères. — 143, Palais-Royal.

TAILLEUR
HUMANN. — Rue Neuve-des-Petits-Champs, 83.

DÉPOT DIRECT DES FABRIQUES
Représentées par **M. DECAEN.**—Boul. des Italiens, 24

GRAINIER, FLEURISTE ET PÉPINIÉRISTE
Maison **TRIPET.** — Boul. des Capucines, 21.

MODES
Mme **ODE.** — Rue de la Paix, 30.

MODES ET COIFFURES
Mme **Pauline GUILLET.** — Rue du Mont-Thabor, 15.

CARROSSERIE
FREDET aîné, — Avenue des Champs-Élysées, 47,
et rue Marbœuf, 71.

MODES, COIFFURES ET ARTICLES DE COUR
Mme **GERVAISE.** — Rue Neuve-Saint-Augustin, 29.

SAINT-DENIS. — Antigua basílica y Sepulcros de los Reyes. — Camino del Norte. Part. á las h. ¹/₂.

SAINT-GERMAIN. — Antiguo real Palacio, Selva grande Terrado. — Camino de Saint-Germain, conduciendo á Asnières, Nanterre, Rueil, Chatou, Vésinet. Part. á las horas y 35 minutos.

SÈVRES. — Manufactura imperial de porcelana, abierta todos los dias con un pasaporte ó un permiso del Ministro de Estado, Parque de Saint-Cloud. — Camino de Versailles, ambas riberas.

VERSAILLES. — Palacio real, Parque, Museo abierto todos los dias, excepto el Lúnes, Trianon.

Camino de la ribera derecha, conduciendo á Asnières, Courbevoie, Suresnes, Saint-Cloud, Ville-d'Avray, Sèvres, Viroflay. Part. todas las horas y media.

Camino de la ribera izquierda, conduciendo á Vanves, Clamart, Meudon, Bellevue, Sèvres, Chaville, Viroflay. Part. todas las horas precisas.

UMGEBUNGEN VON PARIS

—

Abgangstunden der Eisenbahnen

BOIS DE BOULOGNE. — Fluss, Inseln, See und Wasserfälle. — West-Eisenbahn. abg. alle 30 m.

COMPIÈGNE. — Kaiserliche Residenz, schoner Wald, Weiher, Ruinen des Schlosses von Pierréfonds, Jagden und Ritte nach Chantilly. — Nord-Eisenb. 7 10', 7 20', 9, 12 20', 5 5, 8, 9.

ENGHIEN UND ENGHIENSEE. — Wald von Montmorency. — Nord-Eisenb. abg.

FONTAINEBLEAU. — Kaiserliche Residenz, Prächtiger Wald, Weiher. — Eisenb. nach Lyon, abg. 8, 9, 9 15', 11 30', 12 45', 2, 3 45', 4 45', 5 45', 7 30', 8 40, 9 5', 10 45.

Eau Amélie

Rendant aux Cheveux leur couleur naturelle

SANS TEINTURE NI MORDANT

4, Faubourg Montmartre, Paris

(Escalier 2 au 3ᵐᵉ

Dépôt dans les principales villes de France et de l'Étranger

ON TRAITE A FORFAIT — GUÉRISON GARANTIE

FABRIQUE DE FOURRURES
BOILLE, 109, Boulevart de Sébastopol

SELLERIE DE COMMERCE
FILLEUL, 94, Boulevart de Sébastopol.

MEUBLES DE LUXE & DE FANTAISIE
REAULT. — Rue du Faubourg-Saint-Antoine, 47.

MEUDON. — Schloss und Wald. — Eisenb. nach Ver-
sailles, linke Seite. Abg. alle Stunden.
SAINT-CLOUD. — Kaiserliche Residenz, schoner Lust-
wald von Saint-Cloud und Ville-d'Avray, Gros-
sen Wasser in Saint-Cloud. — Eisenb. nach
Versailles, rechte Seite, abg. alle Stunden und
30 m.
SAINT-DENIS.—Alte Hauptkirche und Grabmähler der
Konige. — Nord-Eisenb. abg. alle Stunden
und 30'.
SAINT-GERMAIN. —Alt Königlisch Schloss mit schonem
Wald, grosse Terrasse. —Eisenb. nach Saint-
Germain durch Asnières, Nanterre, Rueil,
Chatou, Vésinet. Abg. alle Stunden und 35'.
SÈVRES. — Kaiserliche Manufaktur von Porzellan,
eröffnet täglich, ausser Sonntag, mit einer
Erlaubniss oder mit einem Reisepass.—Eisenb.
nach Versailles, rechte und linke Seite.
VERSAILLES. — Koniglische Residenz, Lustwald und
Museum eröffnet täglich, ausser Montag, Gross-
en Wasser auf Versailles, Trianon.

Service divin	Divine service	Gottesdienst	Adresses
CULTE PROTESTANT ANGLAIS	ENGLISH EPISCOPAL CHAPEL	ENGLISCHE BISCHOFLICHE KAPELLE	Avenue Mar-bœuf, 10.
Egl. épiscop. (dim. à 11 et 3 h.).	Sunday's at 11 and 3.	Sontag 11 und 3 st	
CHAPELLES ÉVANGÉLIQUES RÉFORMÉES	EVANGELIC REFORMED CHAPELS	EVANGELISCHE REFORMISTE CULTUS	
Chapelle Taitbout.	Taitbout Chapel.	Taitbout Kapelle.	Rue de Pro-vence, 54.
Dim. à 12 en français, à 3 h. en américain.	Sunday's at 12 in french, a 3 in american.	Sontag 12 st Französich, 3 st American.	
Chapelle rue Saint-Honoré.	Chapel St-Honoré street.	Kapelle rue St-Honoré.	Rue St-Honoré, 157.
CULTE PROTESTANT CALVINISTE	CALVINIST PROTESTANT	CALVINIST PROTESTANT C.	
L'Oratoire. — Les dimanches à 11 h. 30 en français.	The Oratoire. — Sunday's at 11 30 a m. en french.	Oratoire.—Sontag 11 st 30 Französich.	Rue St-Honoré, 157.
Panthémont.	Pentemont.	Pentemont.	106, rue de Gre-nelle-St-Germ.
Dim. à 11 h. 30 en français.	Sunday's at 11 30 a m. in french.	Sontag 11 st 30 Franz.	
Chapelle de Batignolles.	Batignolles's Chapel.	Batignolles Kapelle.	38, boul. de Bati-gnolles-Monc.
CHAPELLES LUTHÉRIENNES	LUTHERAN CHAPELS	LUTHERISCH CULTUS	
Église de la Rédemption.	Church of the Redemption.	Kirche der Erlosung.	6, rue Chauchat.
Dim. à 11 h. 30 en français.	Sunday's 11 30 a m. in french.	Sontag 11 st 30 Franz.	
Église des Billettes.	Church at the Billettes.	Kirch der Billettes.	16, rue des Bil-lettes.
Dim. à midi en français, à 2 h. en allemand.	Sunday's at 12 in french, at 2 in german.	Sontag 12 st Franz, 2 st Deutsch.	
CULTE ISRAÉLITE ALLEMAND	ISRAELIT DEUTSCH C.	ISRAELITISCH CULTUS DEUTCH	R. N.-D. de Naz.
— PORTUGAIS	— PORTUGEESE	— PORTUGIÉSISCH	23, r. Lamartine.

Ancienne Maison Laury

Fabrique d'Appareils de Chauffage

DE

E. THOREL ET Cie

29, Rue Tronchet, 29
PARIS

Calorifères de construction pour grands établissements. — Calorifères d'appartements. — Cheminées en tous genres. — Fourneaux économiques.

Londres 1851
Grande Médaille

Paris 1855
Médaille d'Honneur & Croix de la Légion-d'Honneur

Bordeaux 1859
Diplôme d'Honneur

Quinze autres Récompenses

Ambassades	Embassies	Embaixadas	Embajadas	Bureaux	ADMISSION
Angleterre	England	Inglaterra	Inglaterra	faubourg S-Honoré, 39	11 à 2 h.
Autriche	Austria	Austria	Austria	r. de Grenelle S.-G. 87	1 à 3
Bavière	Bavaria	Baviera	Baviera	r. Grenelle-S.-G. 107	1 à 3
Belgique	Belgium	Belgica	Bélgica	rue de la Pépinière, 97	12 à 2 ½
Brésil	Brasil	Brasil	Brásil	r. de la Pépinière, 106	12 à 3
Danemark	Denmark .	Dinamarca	Dinamarca	r. Miromesnil, 41	11 à 2
Espagne	Spain	Espanha	España	rue de l'Oratoire, 7	10 à 4
Etats-Romains	Roman States	Estados Roman.	Estados Roman.	r. de l'Université, 69	11 à 1
Etats-Unis	United States	Estados Unidos	Estados Unidos	r. de la Pépinière, 59	12 à 3
Grèce	Greece	Grecia	Grecia	rue du Cirque, 4	12 à 3
Mexique	Mexico	Mexico	Méjico	rue Roquépine, 9	12 à 4
Naples	Napoli	Napoles	Nápoles	rue d'Angoulême, 25	12 à 2 ½
Pays-Bas	Netherlands	Holanda	Olanda	r. Chateaubriand, 17	11 à 1
Portugal	Portugal	Portugal	Portugal	rue d'Astorg, 12	12 à 1 ½
Prusse	Prussia	Prusia	Prusia	rue de Lille, 78	12 à 1 ½
Russie	Russia	Rusia	Rusia	faub. St-Honoré, 33	12 à 2
Sardaigne	Sardinia	Sardanha	Cerdeña	r. S.-Dominiq-S-G 133	11 à 2
Saxe-Royale	Saxony	Saxonia	Sajonia	faub. St-Honoré, 170	11 à 3
Suède & Norwège	Sweden and Norway	Suecia e Norvega	Suecia y Nórvega	Anjou-St-Honoré, 74	9 à 2
Toscane	Tuscany	Toscana	Toscana	rue Caumartin, 31	12 à 2
Turquie	Turkey	Turquia	Turquia	rue de la Victoire, 44	2 à 3
Wurtemberg	Wurtemberg	Vurtemburgo	Vurtemburgo	rue Tronchet, 2	11 à 1

CONSULS ÉTRANGERS A PARIS

AUTRICHE. — Baron James de Rothschild, rue Laf-
fitte, 19.

BRÉSIL. — J. Maciel da Rocha, rue de Penthièvre, 19.

CONFÉDÉRATION ARGENTINE. — Pablo Gil, rue Saint-
Georges, 23.

DANEMARCK. — Baron Delong, rue Richer, 26.

ÉQUATEUR (République de l') — Ad. Honegger, Cour des
Petites-Écuries, 7.

ÉTATS-UNIS. — Henry-W. Spencer, rue de la Chaussée-
d'Antin, 36.

GRANDE-BRETAGNE. — Thomas Pickford, rue du Fau-
bourg-Saint-Honoré, 39.

HESSE ÉLECTORALE & VILLES LIBRES HANSÉATI-
QUES. — Bleymuller, rue de Provence, 49.

MEXIQUE. — G. O'Brien, rue Mogador, 3.

PARAGUAY (République du). — E.-A. Laplace, rue
Saint-André-des-Arts, 47.

PAYS-BAS. — Frédéric van den Broeck, rue de la
Chaussée-d'Antin, 60.

PORTUGAL. — Baron, rue Saint-Nicolas-d'Antin, 48.

SAN SALVADOR. — J. Thirion, rue du Faubourg-Pois-
sonnière, 32.

SAXE. — Th. Albrecht, rue de la Michodière, 25.

SUÈDE & NORWÉGE. — Armand Donon, rue de Chail-
lot, 96.

SUISSE. — Baron Kern, amb., rue d'Aumale, 9.

VENEZUELA. — F. Caicedo, Cité d'Antin, 16.

TARIF DES VOITURES. — TARIF OF THE CARRIAGES

Taxe der Wagen.

| | REMISE. | | PLACE. | | | |
| | | | A 2 PLACES | | A 4 PLACES | |
	Course.	Heure.	Course.	Heure.	Course.	Heure.
Dans Paris & les fortifications.						
De 6 heur. du matin à minuit 30 min.	2 »	2 25	1 25	1 75	1 40	2 »
De minuit 30 min. à 6 heur. du matin.	2 50	3 »	2 »	2 50	2 »	2 50
Renvoi de la voiture au bois de Boulogne.	» 75	» »	» 50	» »	» 50	» »
Au-delà des fortifications.						
De 6 heur. du matin à 7 heur. du soir, en hiver, et de 6 heur. du matin à 9 heur. du soir en été. .	» »	3 »	» »	2 50	» »	2 50
Renvoi de la voiture en sus.	1 50	» »	1 »	» »	1 »	» »

Bagages : 1 colis, 20 c. — 2 colis, 40 c. — au-dessus, 50 c.

PRIX DES PLACES AUX THEATRES

	Avant-scènes du Foyer	Avant-scènes de rez-de-chaussée	Loges du Foyer	Stalles d'Amphithéâtre	Premières loges de face	Baignoires de face	Avant-scènes des premières	Loges de Balcon	Fauteuils d'Orchestre	Premières loges de côté	Fauteuils de Balcon	Deuxièmes loges de face	Prem. Galerie	Parterre
Opéra.	12 »	10 »	12 »	10 »	8 »	8 »	8 »	—	8 »	7 »	—	6 »	—	4
Théâtre-Français .	—	—	8 60	—	6 »	—	—	8 60	5 »	—	6 60	3 50	5 »	2 50
Opéra-Comique . .	7 »	7 »	7 »	—	7 »	6 »	5 »	—	6 »	5 »	6 50	2 »	6 »	2 50
Opéra-Italien . . .	—	—	—	10 »	10 »	—	—	—	10 »	—	10 »	9 »	—	4 »
Théâtre-Lyrique. .	6 »	6 »	5 »	—	4 50	3 50	4 »	—	4 »	3 »	4 »	—	2 »	1 50

LEVÉES DES BOITES

et

DISTRIBUTION A DOMICILE

LEVÉES DES BOÎTES				DISTRIBUTIONS
Numéros des levées.	Heures des levées aux boîtes			correspondant aux levées des boîtes.
	de quartier.	des bureaux.	de l'hôtel des postes.	
	h m	h m	h m	
levées spéciales	» »	4 »	5 »	1re distribution 7 h 30 m.
1o	7 »	7 30	8 »	2e — 9 »
2o	9 30	10 »	10 30	3e — 11 30
3o	11 30	12 »	12 30	4e — 1 30 s.
4o	1 30	2 »	2 30	5e — 3 30
5o	3 30	4 »	4 30	6e — 5 30
6o	5 »	5 30	6 »	7e — 7 »
7o	9 »	9 30	9 30	1re distribution du lendemain.

DÉPARTS DU SOIR.

DERNIÈRES LEVÉES DES BOITES :

A 5 heures, aux boîtes de quartier ;

A 6 heures, aux boîtes de bureaux principaux et de l'Hôtel des Postes.

CHEMINS DE FER FRANÇAIS

Paris à Dieppe & au Hâvre (*Chemin de fer de l'Ouest*).

Dép. de Paris. .	7 h. 25 m.	8 h. 25 m. (exp.)	midi.	1 h. » s. (exp.)	6 h. » s. (exp.)	min. 15
Arr. au Havre. .	3 05 m.	1 10 s.	7 h. 30 s.	5 45 s.	11 15 s.	6 h. 20 m.
» à Dieppe .	» »	1 20 s.	7 15 s.	5 05 s.	10 55 s.	6 35 m.

Paris à Boulogne & à Calais (*Chemin de fer du Nord*).

Départ de Paris.	8 h. » m.	11 h. » m.	2 h. » s.	10 h. 30 s.	7 h. 30 s.	11 h. 15 s.
Arrivée à Boulogne.	1 30 s.	5 05 s.	9 25 s.	6 20 s.	» »	» »
» Calais.	4 20 s.	9 55 s.	» »	» »	1 40 m.	11 » m.

Paris à Marseille (*Chemin de fer de Lyon*).

Départ de Paris.	» h. » m. (omn.)	11 h. » m. (exp.)	1 h. 45 s. om	8 h. 05 s. (exp.)
Arrivée à Marseille	» » s.	6 35 m.	6 30 s.	3 15 s.

Paris à Bordeaux, Bayonne et la frontière d'Espagne (*Chemin de fer d'Orléans*).

Départ de Paris. . .	9 h. 10 m. (exp.)	10 h. 11 m. (om.)	8 h. » s. (post.)	» h. » s.	10 h. 55 s. (om).
	9 59 s.	4 33 m.	9 » m.	» » s.	6 11 s.

Services de Paris à Londres.

Par Calais & Douvres, Dép. de Paris. . 7^h » m. 8^h » m. 7^h 30 s. PRIX : 1re cl., 76 fr. 60 c.
Arr. à Londres. 5 45 s. 10 » s. 6 30 m. 2e cl., 55 40

Par Boulogne & Folkestone. — Paquebots tous les jours, à heures variables*.

PRIX : { Billet simple, 1re cl., 65 fr. 95 ; 2e cl., 47 fr. 60 ; aller et retour, 1re cl., 112 fr. 50 ; 2e, 81 fr. 25.
{ Billet, aller et retour par Boulogne et Folkestone exclusivement : 1re, 100 fr. ; 2e, 75 fr.

Par Dieppe & Newhaven. — Paquebots tous les jours, à heures variables*.

PRIX : { Billet simple, . 1re cl., 35 fr. » ; 2e cl., 25 fr. »
{ Aller et retour. » 62 50 ; » 45 »

Par Le Hâvre & Southampton. — Paquebots les lundis, mercredis et vendredis.

PRIX : 1re cl., 35 fr. ; 2e cl., 25 fr.

* Les heures de départs des Chemins de fer français, des Paquebots et des Chemins anglais seront indiqués exactement pour chaque jour à l'Administration des **Tablettes Parisiennes**, *rue Duphot, 10,* de midi à 4 h.

CHEMINS DE FER FRANCO-BELGES ET ALLEMANDS

Paris à Bruxelles (*Chemin de fer du Nord*).

Départ de Paris.	7 » m. ex 11 »	5 10 s. 11 50 m.	Prix : 1re cl., 37 fr. 55
Arriv. à Bruxelles. . . .	3 45 s. 8 55	11 35 m. 11 50 s.	2e cl., 28 30

Paris à Liége, Spa, Aix-la-Chapelle, Cologne & Francfort-sur-le-Mein (*Chemin de fer du Nord*).

				PRIX
Départ de Paris	11 » m. (exp.)	8 15 s.	11 15 s.	
Arrivée à Bruxelles . .	8 55 s.	5 30 m.	11 50 m.	POUR FRANCFORT :
Départ de Bruxelles . .	10 » s.	9 30 m. (exp.)	9 15 s.	
Arr. à Liége (1)	1 05 m.	12 35 j.	4 30 s.	1re cl., 80 fr. 90
Arr. à Aix-la-Chapelle.	3 10 m.	2 20 s.	7 20 s.	2e cl., 74 80
» Cologne (2) . . .	4 40 m.	4 20 s. (couch.)	9 15 s. (couch.)	

Départ de Cologne. . .	5 30 m.	9 » m.	11 45 m.	2 40 s.
» Francfort. . . .	11 10 m.	3 55 s.	8 10 s.	10 20 s.

(1) De Liége pour Spa, 7 h. » mat., 10 h. 10 mat., midi 35, 3 h. 10 soir, 8 h. 10 soir.
(2) De Cologne pour Hambourg, 6 h. 30 mat., 5 h. 15 soir, arrivée à Hombourg, 8 h. 45 soir, 7 h. » m.

Paris à Francfort-sur-le-Mein par Forbach, Manheim et Wiesbaden (*Chemin de fer de l'Est*).

Départ de Paris.	7 » m. (exp.)	8 » s. (poste.)	9 » s.
Arrivée à Wiesbaden. . .	9 55 m.	2 55 s.	8 05 s.
» Francfort . . .	10 50 m.	3 55 s.	10 20 s.

ARGENT
1860

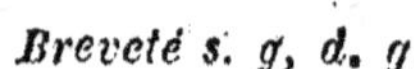

CHEMINS DE FER FRANCO-ALLEMANDS

Paris à Francfort-sur-le-Mein, par Strasbourg, **Baden-Baden**, Heidelberg, Manheim, etc.

(Chemin de fer de l'Est).

Dép. de Paris.	7 » m.	8 » s.	9 » s.	6 » m.
Arr. à Strasbourg. .	5 15 s. (couch).	7 30 m.	midi 05	10 25 s. (coucher.)
» Baden-Baden.	9 40 s.	11 » m.	4 32 s.	7 38 m.
« Francfort. . .	10 10 m.	3 30 s.	10 40 s.	1 30 s.

De Francfort à Berlin, par Eisenach, Gotha, Weimar, etc.

Dép. de Francfort. 6 h. 45 mat. et 5 h. 25 soir. | Arr. à Berlin . . . 9 h. 45 soir et 7 h. 30 mat.

De Francfort à Berlin, par Cassel, Göttingue, Magdebourg.

Dép. de Francfort. 6 h. 45 mat. | Arr. à Berlin . . . 9 h. 45 soir.

De Francfort à Vienne, par Weimar, Leipsig, **Dresde**, Prague, etc.

Dép. de Francfort. 6 h. 45 mat. et 5 h. 25 soir. | Arr. à Vienne . . . 7 h. 15 soir et 7 h. 45 mat.

Paris à Berlin & à Vienne, par **Cologne**, **Dusseldorf**, **Hanovre**, **Brunswick**, **Magdebourg**, Dresde, Brünn, Prague, etc. (*Chemin de fer du Nord*).

Paris	5	» s.	8	» s.		Berlin	9	45 s.	7	45 m.
Cologne	4	40 m.	midi 35			Dresde	min. 30		midi.	
Hanovre	2	30 s.	1	28 m.		Prague	7	03 s.	6	55 s.
Brunswick	4	07 s.	2	49 m.		Vienne	7	15 s.	7	45 m.
Magdebourg	6	33 s.	4	55 m.						

Paris à Vienne, par Strasbourg, Kehl, **Stuttgard**, Augsbourg, **Munich**, etc.

(*Chemin de fer de l'Est*).

Départ de Paris	7	» m.	8	» s.	9	» s.
» Kehl	7	40 s.	9	40 m.	2	40 s.
Arr. à Stuttgard	11	06 m.	3	22 s.	10	05 m.
» Munich	9	45 s.		»	3	40 s.
» Vienne		»		»		»

Paris à Genève & la Suisse.

(*Chemin de fer de Lyon*)

Départ de Paris	1	45 s.	8	40 s. (exp.)	10	35 s.
Arrivée à Genève	midi 43		11	50 m.	9	11 s.

CHEMINS DE FER FRANCO-ITALIENS ET ITALIENS

PARIS à Chambéry, Turin, Milan, Genève, Venise, Trente, Parme, Bologne, Vérone, Livourne, Florence, Rome, Naples *(Chemin de fer de Lyon)*

Départ de Paris	1 45 du soir	8 40 du soir
Turin		5 10 du matin
Milan		10 10 du matin

Par.s — Imprimerie A.-E. ROCHETTE, 22, rue d'Assas, Faubourg St-Germain.

Chemin de fer du Nord

Chemin de fer du Nord

Voyage circulaire à prix réduit en Hollande, Belgique et Prusse Rhénane.

Billets de 1re classe valables pendant un mois, 105 fr. avec arrêt facultatif à toutes les villes du parcours : Bruxelles, Anvers, Dordrech, Rotterdam, La Haye, Amsterdam, Leyde, Utrecht, Aix-la-Chapelle, Cologne, Spa, Liége, Namur, etc. (Le parcours de Cologne à Emmerich reste aux frais des voyageurs.)

Voyages en Allemagne

Billets directs valables pendant un mois pour Cologne, Berlin, Stettin, Leipsig, Dresde, Hambourg, Vienne, Hanovre, etc. (Séjour facultatif dans les villes du parcours.) — Les bagages transitent par la Belgique sans visite de la Douane.

Chemin de fer de l'Est et du Nord

Voyage à prix réduit aux Bords du Rhin.

Billets de 1re classe valables pendant un mois avec arrêt facultatif dans les villes du parcours. — Par Strasbourg, Kehl : 130 fr. (Baden-Baden, Carlsruhe, Heidelberg, Mannheim, Francfort, Mayence, Cologne, Aix-la-Chapelle, Spa, Bruxelles, etc.) — Par Metz et Forbach : 125 fr. (Mannheim, Cologne, Aix-la-Chapelle, Spa, Liége, Namur, etc.)